JN438923

바람꽃 그녀

고재동 제4시집

바람꽃 그녀

인쇄| 2019년 9월 05일
발행| 2019년 9월 10일

글쓴이| 고재동
펴낸이| 장호병
펴낸곳| 북랜드
06252 서울 강남구 강남대로 320 황화빌딩 1108호
대표전화 (02) 732-4574 | (053) 252-9114
팩시밀리 (02) 734-4574 | (053) 252-9334

등 록 일| 1999년 11월 11일
등록번호| 제13-615호
홈페이지| www.bookland.co.kr
이-메 일| bookland@hanmail.net

책임편집| 김인옥
교 열| 배성숙 전은경

ISBN 978-89-7787-890-7 03810
ISBN 978-89-7787-891-4 05810(E-book)

값 10,000 원

바람꽃 그녀

고재동 시집

북랜드

自序

방 한 칸 더 마련하여 그냥저냥 지지고 볶고

'시 한 편을 탈고하기까지 100번 옮겨 적는다. 한 번 옮겨 쓸 때마다 부호 하나 썼다가 지우는 한이 있더라도 그 정도 정성을 쏟은 후 햇빛을 보게 한다.' 존경하는 선배 시인께서 내가 매일 일기 쓰듯이 하루 한 편의 시 나부랭이를 탄생시킨다고 하자 나무라시며 한 말이다.

광 속 구석구석에서 먼저를 덮어쓰고 있는 녀석들을, 형제들끼리도 못 알아볼까 봐 불러 모았다. 최근 태어난 동생들까지 한곳에 불러 세우니 150이 넘어간다. 도저히 한방에 재울 수가 없어 이미 분가한 큰형네에서 서른 남짓 데려와 방 한 칸을 더 마련했다.

제3시집과 4시집을 동시에 내놓으면서 선배님께 꾸중들을 것이 뻔해 염려된다. 어쩌랴? 이미 낳은 자식, 솜씨가 그것밖에 없는데 성형한다고 별반 다르겠는가? 못난 저희 형제들끼리 모여서 지지고 볶고 그냥저냥 살라 그러지 뭐.

2019년 가을날

우초정에서 愚草가

차례

2 달마중 봄 마중

3 찰당로 498번지

4 버들치와 버들개지

5 바람길 언덕

1

폭염주의보

죽순, 눕다

다가서는 산의 몸살이었나

땅속으로
기어 다니면서
키를 잴 순 없어
서럽게 우는 넌,
그 울분 움으로 밀어낸다

비지땀 흘린 산아
*우담愚潭에 빠진
거꾸로 가는 세월아
누운 죽순 앞에
배례하는 푸른 오월이여

해 질 녘
죽순처럼 다시 서다

* 우담 : 가람 이병기 선생 생가에 있는 우물

편지

댓돌 위에
놓고 간
하얀 흔적 하나

강아지도
모르는
파란 비밀 하나

보리수

토실한 열매 따는
그녀의 볼우물에
발그레한 햇살이
넘쳐흐른다
마치 천진난만한
소녀의
말간 미소처럼

앵두

빨간 입술 내준 건
너뿐만이 아니었다
단단한 씨앗 속
내 마음 훔친 넌
고로쇠 물처럼 달콤한
유액의 비밀
알고 있을 뿐이다

산딸기

발가벗고 주었지만
봉우리가 너무 높아
가시 한 움큼
얹어 놓았다

하늘 깊이

하늘 높이를 재어보려
사다리 한 뼘 엮는다
올라가도 올라가도
하늘은
만져지지조차 않았다
단발머리 그녀의
네모난 마음속 깊이는
아득하여 잴 수가 없다
언제부터인가
내 호주머니에는
줄자 하나 품고 산다

우초정愚草亭에서 대낮 뻐꾸기 소리 듣다

애초에 콩밭은 존재하지 않았다
반딧불이가
한낮에도 불 밝히는 것은
바보여서가 아니다
담 너머에서 딴청 피우는
강아지는 귀가 밝고
그녀는 눈이 어두워
밤까지 쌍불을 켜도
낭군이 찾아들까 싶다
잡초들의 가시 없는
수더분한 대화가
댓돌 위에 수런수런…
구구구구
비둘기 숨어드는
지리산 꼭대기로
빠르게 흘러가던
구름 몇 조각 말갛게
동그라미 그리고 놀다
사방팔방으로
흩어지기를 거듭하는

서해

모래알만큼이나 무수한
발자국 씻겨간 자리
흔적 하나 남기고
수평선 너머로 감추는 알몸
친정엄마의 애달픈 연민

매화 앞에서

암탉이 알을 처음 품던 날
밤새 봄비는 그렇게 내리더니
동쪽 하늘이 열리는 아침
두근거리는 가슴에 조바심 설켜
만 하루 동안 식음 전폐하고
곧은 기개와 모성애로
생쥐와 한판 대결 펼치는 동안
물기 머금은 청초한 매화는
꽃받침에 등잔불 켜지 못해
닭집 안을 기웃거려도
역사는 새로 쓰지 못했다
겨우내 초록에 허기져도
백매가 홍매로 필 수 없듯이

탐라에서

여덟 별
이 땅에 내려 주고
가신 당신
32년간 흘린 설움
바다 되더이다
저 바다 말라버릴까 봐
한 점 섬으로 솟았노라
높을 고高 자 쓰는 8남매
그리움 쓸어 담으려
삼성혈 앞에 서니
머리 조아리는
당신이 있더이다
아련한 아버지!

도둑잠

창문 너머 먼 하늘 보며
명상에 잠기다 깜빡 잠이 든
그녀의 꿈속에 몰래 숨어들어
마음 한 조각 훔쳐내
안에 가두고 시치미 떼다가
화들짝 놀라 잠을 깬 남자

망원경

망원경을 통해 달을 보면
얼굴에 잡티가 보여 싫다
그냥 멀리 두고
그대로의 너만 바라볼래

의자

가시넝쿨 앞에 서보지 않고
가시방석을 말하지 말라
손톱 밑에 난 가시는
살점을 도려내면 그만이지만
찔레나무 새순에 돋은 가시는
익을수록 폐부에 파고들어
마음을 찌를지도 몰라
가시방석에서
가시 하나 뽑아 올리고 나면
그게 사는 내 집인걸

폭염주의보

물은 마름모꼴이고 싶다
애초에
비가 되어 우주에 올 때
오각형 육각형 원이었다가
주체할 수 없는 설렘 때문에
형체를 망각하고
짠물이 되고 말았다
물은
마름모꼴로 돌아가고 싶다

바람꽃 그녀

바람 불면 날아갈까
비 오면 젖을까
새털구름 따다가
바늘귀에 꿰어
저 멀리
풍경소리 뒤에 숨는다

입추가 와도
눈길조차 닿지 않는
호박 넝쿨에 묻혀
눈물 찍어 누르며
가부좌 틀고 앉아
기다리고 있노라

어느 하늘
어느 별에 살고 있는지
묻고 싶어도
네 목소리 새어 나오면
뭇 사내들 눈총 두려워
침묵하기로 했네

하늘에서
천사 옷 입고 내려온
민들레 홀씨 닮은

접시꽃

흰 쟁반 위에
붉은 꽃
한 송이 피우려고
여름이 지는 날까지
그대 뜨락에
꽃대 하나로 서 있습니다.

해가 뉘엿뉘엿할 즈음
당신이 미적거려도
내일 아침
햇귀가 올 때까지
앞치마
여밀 수 없는 까닭입니다.

참나리꽃

옆집 강아지
그렇게 짖어도
눈 뜰 기미조차 없더니
수컷 여치 애달픈 가락에
암술
고개 길게 뽑고 마는구나

그 집

별이 부서져
종이접기하는 가운데
무수한 미생물들이
각자 별나라 이야기를
도란도란 나누고 있었지.

집 나설 때
표식 하나 쥐여준 걸
잊지 않고 숙제하느라
진땀 흘리고 있네.

우리 조상이 그랬듯이
잠시 쉬러 왔다가
훠어이 허어이
잘 놀다 돌아가야 할 곳,
흙에서 왔다가
흙으로 가는 것이
순리 아니던가?

태초부터
그 모든 것이 찰나인데
쉼터에 먼지 한 점 일으키고
돌개바람 부는 날
흔적 없이 그 집으로 돌아가
할머니 옛날이야기 들어야지.

9월

15센티미터 높은 굽 구두 신은 그녀가
외나무다리를 건너가고 있다
아버지는 증조모님 산소 벌초하러 가는 날엔
맏이인 나를 앞장세웠다
시오리를 걸어 닿은 낙동강
무섭다는 나를 업고 다리 건너는 당신은
먼 산을 바라봤다
용케도 그녀는 비껴갔고 강은
천연덕스럽게 여자의 화장기를 씻어
물속에 풀어젖힌다
어른은 무섭지 않을 줄 알았는데
아버지 등엔 흥건히 땀으로 젖었고
당신한테서 그 여자 분 냄새가 났다
그녀는 고급 승용차에 기대어 오고 있지만
아직 다리를 건너지 못했다

2

달마중 봄 마중

한련화, 내 뜰에 핀

먹는 꽃이라며
그녀가 준 꽃씨 서너 알
화단에 심었다.

잡초로 알고
사정없이
도려내 버린 아내.

깊숙이, 깊숙이 심어 놓은
한 떨기 한련화
꽃핀 건 비밀.

아까시꽃

야트막한 산그늘 타고
실려 온 바람결
부서지는 달 조각

살쿵 스민 그녀
들릴 듯 은근한 유혹에
더덩실 달밤 춤사위
몽유병 놀이하기

개구리울음 멎은
달도 기운 이슥한 밤
설익은 눈부신 향내는

일별

혹독한 겨울
긴 터널 지나
꽉 다문 사립문이
스르르 열리던 날,
마음의 문까지 여는가?

산모퉁이 돌아
몰래 깃든 골짝에
매화가 핀 걸
어찌 알았을까,
그녀는.

매화에 귀를 열다

환한 미소
순백의 살결
눈이 너무 부셔
도저히 뜰 수가 없네

어젯밤
기별 받고 내려온
별에 듬뿍 주고도
항아리에 넘쳐흐른다

눈을 감아도
보이는 선연한 자태
눈을 감아도
들리는 너의 심향心香

매화梅畵

물감으로 그리던
매화나무에
밤새 꽃이 활짝 피었다
누가 해맑게 그려놓았나
그림 속에서
암향暗香이 오롯하다
어젯밤 봄바람 타고
네가 몰래 다녀갔나 보다

꽃다지

따사한 햇살 쫓아
울타리 넘어
마실 나온 암탉이
쫑쫑쫑 쪼고 간 후
뒤따라온 수탉이
뿅뿅뿅
머물다 간 자리에
깊은 밤새고 나니
노란 꽃이
수줍게 웃고 있다

냉이꽃

냉이꽃은 초등학교 교실 앞
보도블록 틈새에서 핀다
재갈재갈
쉬는 시간에 아이들이 무얼 하나
귀 기울이다가 꽃눈 떴다
사각형 내각의 합은 360도란다
수학 선생님 말씀에
귀를 쫑긋 꽃망울 활짝 열었다

땅거미 내리고
하늘에서 별들이 내려와
운동장에 꽃을 피운다
별 하나 나 하나, 별 둘 나 둘….
냉이꽃 선생님이 수업한다
국어 시간인가 보다

산수유

나뭇가지에
대롱대롱 매달린
물방울 속에
산수유꽃
다소곳이 폈다.

누가 제일 먼저
영롱한 물방울 속
저 꽃 먹지?
햇귀일까, 촉새일까?
봄바람인가?

거울 보고
꽃단장한
해맑은 산수유꽃은
나비가 와서
꽃술부터 먹겠지.

진달래

내 꿈에
꽃을 먹고
네 꿈에
나를 먹고
내 안에 핀 꽃
네 눈동자에 폈다

민들레

내 안에서
발아한 새싹이
네 안에서
피어난 꽃

꽃은

네가 봐주지 않아도
정성스레 예쁘게 핀단다
벌 나비
새들이 보고 있잖니
아무도 오지 않는 외진 곳
이름 없는 꽃일지라도
아무렇게나 필 수가 없어
봄바람이 오면 창피하니까
흉한 내 얼굴
세상에 퍼뜨리면 안 되잖아

수다쟁이

벚꽃 만개한 밤
나무 밑에 서면
꽃들이 저마다
낮에 들은
이야기보따리를 푼다

연인들의
달콤한 이야기
손 꼭 쥔 노부부
은근한 눈빛
나비는 속닥속닥
아이들은 재잘재잘
꿀 먹은 벌은 벙긋벙긋

꽃들은 왁자지껄
봄은
수다쟁이인가 보다

봄 나무

머루 대추나무
사과나무 몇 그루 샀다
꽃사과 모과도 샀더니
인심 후한 꽃아지매
장미 한 송이 덤으로 준다
올해도 사지 못한 것은
잡을 수 없는 네 마음
봄 나무 한 그루

마라도 엉겅퀴

질긴 사연
자줏빛 세월
수천 년 견디어
꽃피운 날들

늙은 외기러기
그 첫정 못 잊어
수평선 바라보며
초록색 그리움

손꼽아 기다려도
오지 않는 내 임
바다를 삼켜도
말라버린 눈물

겨울 없는 남녘
오월이여 오라
엉겅퀴 꽃피는
끈끈한 마라도 순정

봄이 오나 보다

바람이 부나 보다
하늘이 온통
바람색이다

봄이 오나 보다
빼꼼히
사립문 밀고 온다

당신이 오시나 보다
나불나불
봄바람 타고 오시려나?

네가 다녀갔니?

공원 벤치에
누가 다녀갔나?
따스한 기운
오롯이 남아있다.
봄이
앉아 놀다 갔나 봐.
청명한 서쪽 하늘
해님 방긋 웃는다.

달마중 봄 마중

와야천 새맑은 물속에
두둥실 보름달 떴다
계곡 타고 바람 한 점
망설임으로 지나치는 길목
주름살 파인 민망함 끝자락에
휘영청 달이 멋쩍다
봄 새 한 쌍 한가로이
달 속으로 비상하고
교교히 흐르는 와야천 거슬러
버스 한 대 일그러지며 멋자
달덩이 방긋 수줍게
차 안에서 빠져나온다

병아리

바지게에 거름과 장작을 짊어지고 산으로 들어가는 어르신 뒤따라 샘이 솟고 곁에 개나리가 녹색 이파리와 어우러진다

별 좋은 날
게으른 농부의 낮 꿈

병아리가 알을 깠다
닭장에는 스물한 송이의
개나리꽃이 피었다

봄눈

하늘은 춥지 않니?
아니, 안 추워.
거기도 봄이 있니?
응, 하늘에도 봄이 오고 있단다.
오늘은 눈구름이 이불을 덮어 주네.

꿈속에서
별과 소곤거리는 사이
뜰 안에 소복이 눈이 내려앉았다.

눈을 쓸었다.
낑낑대며
큰길까지 모두 치웠다.

너, 바보니?
나는 봄눈이야.
쓸지 않아도 금방 녹는단다.

봄눈은
밤고양이 걸음으로 살금살금 왔다가
두 살배기 아가의
종종걸음으로 가버리는 것을.

바보네 까치집

지봉 없는 집
춥지 않니?
나무도 잎 떨구고 맨몸으로 섰는데요?

하늘이 보이는 집
비가 오면 어떡해?
내 깃털이 아가 우산이죠?

바보구나.
지붕을 덮으면 되지?
저 하늘이 죄다 우리 뜰인 걸요.

비 오는 날은 연못이 되고
해가 지면 별님과
봄 마중 얘기 나눠야지요?

까악, 꽥!
저 뿌연 먼지 뭐예요?
중국에서 날아온 뭐였더라???

한련화

쥐구멍에 한 바가지 물을 붓다

영덕에서 20해리쯤 떨어진 망망대해
바다 위에 멍석 깔고
꽃씨 한 움큼 투하한다.
구애하는 암기러기
씨앗 품고 열흘째,
밀려오는 풍랑에 꿈적 않고 눈만 끔벅끔벅
기어이 물에 빠진 생쥐 물리치고 싹을 틔웠다.

그녀가 놓고 간 호젓한 정원에
가녀린 그녀가 해바라기하며 서 있다.

3

찰당로 498번지

죽변항에서

앞으로 걷는 연습 끝낸
돌게가 먹물을 걷어내자
뱃속이 훤히 들여다보이는
그 안에 반질반질
뭍에서 굴러 내려온 돌 여럿 있네
처얼석 부서지는 파도는
이팝나무꽃이었다가
달빛을 부정하고
하늘로 돌아가려는 그를
방파제에 메다꽂아 버렸네
눈이 휘둥그레진 붕어 비늘 헤치고
뱃속에서 진주를 꺼내
고양이 목에 방울 엮어 걸어주리
겨르로이 늘솔길 따라
꽃가람으로 돌아가
그미와 꽃잠 그린다

월송정 소묘

그대는 발품 팔아
모래사장 가로질러
파도를 품고

솔바람 부르는 참새
발걸음 머문 곳
월송정에 드니

기러기 떼 푸른 구름
하트 모양 그리며
바다 위로 날고

묵은 친구
옛 추억 더듬으며
기울이는 술잔 달다

반달

두리번두리번
앞산 위에 뜬 반달
낮부터
누굴 기다리나

슬금슬금
산 너머 있는 반쪽
데리고 오겠다며
가버린 밤하늘

찰당로 498번지

앞섶 두른 소나무숲에
구름 베고 누운
하릴없는 다람쥐,
배추흰나비 나풀나풀
공룡 발자국 찾는가.

인심 후한 일월산 자락
산야초밭에 뒹구는
뿔난 흑염소,
빼꼼히 내리는 하늘
스산한 여름이 흥에 겹다.

댐과 세월 사이

초가지붕 용마루 깁고 가는
세월,
강물도 아닌 것이
강물인 척

강은
거슬러 흐르지 아니한다
잠시 머물다가
아장아장 가는 저녁놀

오는 날이 장날

처음 밟는 부여 땅
낯설지가 않아
전생에 백제 장군이었나

의자왕
삼천 궁녀 거느리지 않았던들
역사가 바뀌었으랴

낙화암
솔씨 받아
가로수가 소나무

신라 백제 한민족
시장 사람 닮은꼴
오는 날이 장날

청량산 하늘다리

육육봉 열두 봉우리
소금강이라 불러도 모자람 없는
물 수水 자 수산인 이유 모르겠다
태백산맥 끼고 도는
낙동강아 말해보렴

지구의 한 점이지만
우주를 삼킬 듯 포효하는 붉은 물결
영겁의 세월 동안
임 오기만 기다리는
선학봉 자란봉 장인봉…
원효 퇴계 육사 공민왕…
임들의 발소리 들리는 듯
그들의 온기가 묻어나는 기암괴석
다람쥐 곤줄박이…
지금도 노닌다

이다음에 내 임 오거든
불타는 청량산 느낄 수 있게
내 체온 만질 수 있게
한 잎 단풍 잡아두고 갈게
하늘다리 손잡고 갈게

웃음을 잃을지라도

시장 부근
다섯 해 전 폐교된
초등학교 운동장
앞으로나란히 하는 차들의 행렬

체육 시간인가
늙은 학생들
편 갈라
막걸리 내기 족구 시합 한창인데

은행 고목 꼭대기
까치 부부
새봄 새 식구 맞으러
집수리 서두르고

월 화 수 목 금
까르르 까르르
너무 웃다가
솔방울 굴리는 것조차 잊어
바보 소나무 아저씨라 놀려도

까르르 까르르
아이들 보고 싶어 눈이 멀고
재갈재갈 환청에 시달리다
귀머거리 되고
웃음 잃은 지 수천 날
머리숱 듬성듬성
진짜 바보 소나무
할아버지 되고 말았다

시골 참새는 사투리로 운다

선돌길 언덕에 사는 참새는
비가 와도 사투리로 운다
째째째째, 아내는
도대체 감이 잡히지 않는단다
반세기도 훨씬 전
할아버지의 할아버지는
마사터널을 지름길로 통과하다가
기차가 달려와서 급한 나머지
째째째째 사투리로 외쳐
기차를 멈췄다는 역사가 있다
마사터널로 통하는 참새와
포항으로 통하는 참새는
외국어로 소통하는 기이한 부부,
2천20년 새 철로가 놓이면
째째째째, 째째째째
같은 톤으로 울지도 몰라

궤변

대한민국
금메달 하나
도적맞았다

어린 연아
후회 없다
은메달이 만족스럽다

자연인 김연아에게
금메달보다
은메달이 약이 된다는

우물에 빠진 달

우물 속에 빠진
달빛을 길어 올려
그가 있던 제자리로
돌려보내도
어둠은 걷히지 않았다

반세기 전
묵은 책갈피에 간직한
네 잎 클로버를 꺼내
뒤집으려 해도
동그란 그녀의 얼굴은
그림자 뒤에 숨고

소년은
달이 있던 우물 안으로
뚜벅뚜벅 걸어 들어가
개구리헤엄 치고 있더란
아무도 몰랐던 전설

하늘은 새털구름에 속았다

구름은
그놈의 멀쩡한 허우대에
깜빡 속아 가던 길 멈추고
풍덩 발 담갔다가
눈폭탄 맞고 말았다

하늘이
길 잃은 새 한 마리
동무 삼아 노는 걸 보고
사람들은 허공 향해
아름답다며 감탄사 연발한다

야화, 핀 그 밤

그해 여름밤
꽃가루 잠재우고
비장한 내 심장에서
씨톨 하나 끄집어내
자자손손 촛불 켜는 그 밤

달걀 한 꾸러미 품기

닭대가리들과 숨바꼭질하기
개밥 대신 먹어주기
지붕 위에 올라가 달 보고 절하기
시란 녀석과 말씨름하기

제깐 놈이 굴복하지 않고 배기겠나? 순리 앞에서는 늦바람 난 계절도 무릎을 꿇고 말 테지. 시샘하던 겨울 조각도 봄의 위력 앞에 자취를 감추고 말걸. 꽃샘바람이 더 불어온다 해도 내가 감당해야 할 몫 아니겠나?

지금 토방에는

지금 토방에는
곰방대 늘어뜨린
늙은이가 살고 있다

아버지의 아버지는 말했었지
좁아진 혈관은 훑어내야지만
반쯤 훑어내야지만
적당히 피가 흐를 수 있다고

삐걱거리는 관절, 낡은 의자에 앉아
설대의 니코틴을 훑고 계신 당신은
물부리로 니코틴을 빨며
창자의 중앙 부분을 까뒤집곤 하셨다

대통엔 늘 담배 연기가
꼭꼭 재워져 있었고
폐부에서 심장으로 흐르는
붉은 물줄기는 느릿느릿
구부러진 비탈길로 걸어갔다

지금 토방에는 곰방대 늘어뜨린 늙은이가 살고 있다

모기

오수를 깨운
젖은 목소리가
나를 슬프게 한다.
너였니?

배만 곯은 게 아니네.
어젯밤
정에 굶주려 울던 게
너였니?

낮잠 깨운 건 얄밉지만
이 한 몸
아낌없이 주리.
너니까.

공기압이 낮습니다

꽁보리밥 한 양푼을
베보자기에 구겨 넣던 유년,

뽕방망이 서너 방에
허기진 배 부여잡던 시절.

할머니 빈 젖 빨며
스르르 잠을 청할 때,

보릿고개 넘어갈 길
먼 산 뻐꾸기 섧게 울었지.

건장마

타들어 가는 농심
수돗물 한 바가지로
갈증 달래는 고추밭

고개 떨군 박덩굴
까마득한
바지랑대 꼭대기

쪽빛 하늘 기력 잃고
조약돌 하나 낙동강에
하얀 두 줄 긋는다

수캐와 허기진 날개

개는 배가 고프면
밥그릇으로 땅을 긋는다,
꽁치 대가리 던져 주면
헤헤거리면서 날름 받아먹는다.

나는 허기가 지면 꿇어앉아
아내의 바짓가랑이 잡고 늘어진다,
그녀는 귀찮아하며
밥과 과일을 내놓는다,
눈치 보며 무릎 꿇고 앉아
꾸역꾸역 먹어 치운다,
그것만, 나는.

안방 내어주고 조용히 미끄러져,
누구 낚으려고 황토방에 거미줄 친
그네 부부한테 괜한 한풀이했다.

4
버들치와 버들개지

버들치와 버들개지—하루

봄이 오고 있기나 하는 거니?

아직 눈을 뜨지 않아 볼 수가 없어. 너는 키가 크잖니.

그 얼음 속은 답답하지 않아?

사실 여기가 봄날이야. 바깥세상은 무서워.

세상 모든 이에게 우린 관심 밖이야.

이곳에서 그냥 살면 안 될까?

그럼 나도 눈 뜨지 말까?

버들치와 버들개지－이틀

아이 추워, 버들개지 넌?

꽃샘추위란 말 들어봤니?

엄만, 시시한 건 가르쳐주지 않아.

나, 실눈을 떴잖아? 근데 아까 불어온 바람 때문에 다시 감아야 할까 봐.

난, 걷어찬 솜이불 대신 홑이불이라도 끌어다 덮어야겠어.

버들치와 버들개지—사흘

발 시리지 않아?
견딜 만해. 넌 온몸을 물속에 담그고 있잖니?
우린 물에서 산다는 공통분모를 가지고 있어.
오늘 밤 친구 한 명 마실 오기로 했단다.
캄캄한 골짜기 물속까지 어떻게 찾아올까?
저기 벌써 오고 있네, 보름달.
너희, 안녕? 오늘 밤 사이좋게 지내자꾸나.

버들치와 버들개지—나흘

아이 간지러워. 네가 내 발 간지럽혔니?

버들개지, 넌 잠꾸러기야.

벌써 날이 밝았구나.

오늘 진정 봄이 오려나 봐. 골짜기에서 졸졸 훈풍 싣고 물이 내려오고 있어.

어디 보자. 봄은 눈이 몹시 부시다

버들치와 버들개지—닷새

저 별이 추워 보여.
밤공기가 쌀쌀한 게지.
물속이 차갑다고 달이 오지 않으면 어떡해?
올 거야. 저 산을 넘어오느라 시간이 걸릴 뿐이야.
열이레 달이 올 때까지 이불 덮지 말고 기다려 보자.
달이 다녀간 후에 홑이불 덮어도 늦지 않아.

버들치와 버들개지—엿새

세상은 얼마큼 클까?

어마어마하겠지?

넌, 개울 따라 내려가면 바다에도 갈 수 있잖아.

너도 한여름이 오면 홀씨 되어 훨훨 세상으로 날아갈 수가 있어.

우리가 떠나고 나면 달이 내려왔다가 심심하면 어떡해?

여기서 그냥 살래, 너랑.

와야천臥野川이 우리 세상이야.

버들치와 버들개지－이레

달이 왜 아직 오지 않을까? 얼굴이 야위어 가더니…

매일 조금씩 늦는단다.

버들개지 넌, 키가 크니까 달이 오면 일러 줘. 세수해야 하니까.

버들치 너, 달과 연애 중이구나?

아니야. 그냥 좋아.

달은 얼굴이 점점 작아지다가 보름이 되면 포동포동 살이 올라 떠오른단다.

버들치와 버들개지 – 여드레

하늘에서 내리는 흰 가루 저게 뭐야?

버들치, 너도 달 기다리다가 잠 못 이루고 있구나.

달은 안 내려오고 흰 가루라니?

나뭇가지 엄마가 귀띔해줬는데

눈가루래.

달이 흘린 눈물이 눈이 됐을까?

글쎄. 그런데 눈이 너무 많이 오네. 우리 모두 오늘 밤 눈이불 덮고 자야 하나 보다.

지금이 겨울이야, 봄이야?

버들치와 버들개지—아흐레

캄캄한 밤이 무서워.

달이 보고 싶은 게로구나?

어제는 눈이 오더니 오늘은 비구름이 달을 붙잡아 둔 모양이야?

빗속에 달의 흔적이 묻어있을지도 몰라?

옳아. 우리 오늘 밤엔 저 비 맞으며 초록 꿈을 키우는 거야.

그믐달은 초승달을 다듬고, 초승달은 아파하면서 보름달로 성숙해 간단다.

버들치와 버들개지—열흘

빨리 어른이 되고 싶어
왜?
몸집도 커지고 힘도 세지고 싶어.
때가 되면 자연히 어른이 된단다
수염도 날까?
어른이 되면 뭐할 건데?
결혼할 테야.
누구랑? 달이랑?
쟤, 누구야?
개구리? 왜 벌써 나왔지? 경칩도 안 되었는데.

버들치와 버들개지－열하루

삼월이 왔네.

누구? 남자야, 여자야?

진짜 봄이 왔다니까.

여자가 온 것이 아니고 스프링?

버들치 너, 여자를 너무 좋아해. 밤에 달이 오잖아?

얼굴이 너무 야위었어. 그리고 매일 늦어.

봄이 곁에 있으니까 곧 꽃이 피고, 벌 나비들이 찾아올 거야.

꽃, 벌 나비. 걔들 누구지?

버들치와 버들개지 – 열이틀

비가 많이 내리는구나.

내일까지 온다지?

개울물이 많이 내려오면 괜찮겠어?

할아버지 아버지 때도 여기 다리 밑에서 살았다는데 홍수 때 산더미 같은 물이 밀려 내려와도 버티었대. 너희 버드나무 집안과 우린 오랜 이웃이야.

아주 어른스러워졌네, 버들치.

버들치와 버들개지—열사흘

봄바람 덕분에 얼음이불 덮지 않아서 편해.

언제는 얼음 속이 좋다더니?

그땐 그때고.

여름 홍수 땐 흙탕물이 내려오기도 하고, 물뱀이나 두꺼비한테 자칫 먹힐 수도 있어.

무서워. 빨리 겨울이 왔으면 좋겠어. 보름이면 될까?

보름 후면 네 친구 보름달이 온단다

버들치와 버들개지－열나흘

야릇한 이 향기 어디서 오는 거니?
선돌길 언덕에서 퐁퐁 풍겨오는 매향을 보았구나.
매혹적이다. 매화는 얼마큼 예뻐?
달보다 더 예쁠지도 모르지.
한 번만 만나 보면 안 될까?
달은 어떡하고? 너 그러다가 바람날까 염려된다.
괜찮아.
매화는 절대 향을 팔지 않는단다.

버들치와 버들개지—열닷새

밤낮의 길이가 같은 춘분도 멀지 않았네.

버들개지, 너는 아는 것도 참 많아?

넌 아직도 아기 버들치지만 나는 벌써 어른이야. 얼마 있지 않으면 부모 육신을 떠나 생을 마감해야 한단다. 내년에 새 가지에서 동생 버들강아지가 태어날 거야.

떠나지 마. 슬퍼. 세상에 영원한 건 없어? 달은 영원할까?

글쎄.

5

바람길 언덕

애기똥풀

잔인한 4월
네가 노란 유혹하지 않았다면
내가 샛노란 미소에
홀리지만 않았다면
담황색 유액 뼛속에 감춘 걸
미처 몰랐다
백굴채란 말만 믿고
덥석 받아 삼킨 내가
노란 들판에 무너지다니

통곡하는 4월
이제는 가라
너 한 달쯤 버린다고
이보다 더한 하늘 무너지랴
노란 꽃 피지 않는다고
이보다 더한 땅이 꺼지랴
애기똥풀 범하지 않았어도
5월이 잰걸음으로만 왔어도
노란 피 토하지 않았을 것을

아! 영산홍

한 떨기 꽃을 피우기 위해
혹독한 그 겨울 견디어 왔다
눈보라 몰아칠세라
매서운 칼바람 불어올세라
방패막이 되어 애지중지
가꾸어 온 내 정원
영원히 피지 못할 몽우리로
가슴에 묻어야 한다니
온 천지가 노했다
하늘도 울분 참을 길 없어
진도 앞바다에
추적추적 빗물로 내리고
아! 못다 핀
내 뜰 안의 영산홍이여
방긋 웃는 꽃으로 피었어라
제발 피어나라!

영산홍

홀로 피어 애달픈 꽃
찻길 옆 소공원에는
관심 없는 벌, 벌 떼들
노랑나비 한 마리
길을 물어 안부 물어
발품 팔아 찾아오니
금세 창백한 안색
꺾여버린 순백의 꽃잎
슬픈 진도 바다 소식
귀촌 농부 부랴부랴
영산홍 한 떨기
담벼락에 심는다

봄, 누가 데려가니?

안기천로 소공원에
햇살 한 바구니 쏟아진다
룰루랄라 룰루랄라
콧노래 흥얼흥얼
아기 소나무 신이 났다

쏴아 쓰르륵
샛바람 한 움큼 지나가자
엄마 솔잎 파르르 떤다
낮달로 떠올라
해를 쫓던 2월 초 열흘 달
하늘 높이 오르며
차가운 얼굴로
물끄러미 내려다본다

나목

벗고
벗었다
벗을 게 없을 때까지 벗었다
속옷마저 벗어주고 나니
훈장 하나 안긴다
나이테는
이마에 주름살로 남고

한 뼘 잘린
이월이와는 작별이 빠른 만큼
기다림이 짧다
새봄이가 사는 삼월은
기어이 오고야 마는 것을

나목으로 새로 나기 위하여
훈장 하나 이마에
가로로 쓰기 위하여

한 뼘 사이

우리 마당에는
겨울이와 봄이가
같이 살고 있지요.

영하 2도라는 겨울과
영상 10도의 봄이
사이좋게 놀고 있어요.

반쪽은 잔설이
끄트머리 겨울을
보내기 싫어 붙들고 앉았고,

양지바른 반쪽 잔디밭엔
새싹이
눈을 뜨고 말았네요.

그녀의
가슴속에도 겨울과 봄이
교차하고 있을까요?

거미줄

닭장 가는 길목에
왕 거미줄 걸려 있다

하루살이 간데없고
쇠파리 한 마리
칠칠찮은 가슴 뚫는다

그녀의 덫에 걸린
눈마저 침침한 남자는
오늘도 거미줄 향해
무모한 돌진을 거듭한다

솔씨는 소나무 그늘에서 벗어나고 싶다

솔방울은
나무를 달고 있을 때 솔방울이다.
나무한테 버림받은 그는
이미 솔방울이기를 포기했다.
품고 있던 솔씨,
먼 데 시집 보낸 처지에
무슨 솔방울이기를 바래?
씨앗 품은 소나무 열매만이
솔방울인 것을.
사람들은
소나무 분비물을 주워들고
솔방울이라 한다지?

길

갈지자로 걷던 걸음
집 앞에 다다라
정자세로 바뀐 이유
이젠 알겠다

구부러진 지팡이
꼿꼿이 펴도
더는 키가 자라지 않았다

비틀거리는 길
비틀거리지 않고
달릴 기력
십 리 밖에 두고 왔다

모롱이 돌아온 길
되돌아봐도 갈지자로
가고 있지 않은가

내 집은 있어도

눈 감아도 내 집은 찾아간다.
어두워서 잘 보이는 곳
어디 또 있으랴?
꿰뚫어도 뵈지 않는 여자 마음속
대문 굳게 잠가 버리기 전에
서둘러 집을 찾게나.

민들레 · 2

보일 듯 말 듯
학원 앞 소공원에
노란 얼굴이 수줍은
민들레 한 송이

아이들 학교 간 사이
해바라기하다가
오후에는
소나무 그늘에 꼭꼭 숨는다

아기 소나무 옷 홀랑 벗겨
꽃샘추위에 벌벌 떨게 한
개구쟁이들이
고양이보다 무섭다

고양이가 할퀴어도 꽃은 피우지만
개구쟁이들이 모가지 비틀까
학원 쉬는 시간이 제일 싫은
홀씨가 되고 싶은 그녀

바람길 언덕

어둠에 젖은 발걸음 소리
또록또록 갈바람 내려와
낙엽 긋는 영롱한 실루엣
이 마을 저 마을 전설처럼
감나무 가지 끝에 매달려
낯익은 가녀린 옛 그림자
첫사랑 그녀의 환영 같은

캄캄한 구석구석 은은히
달빛 타고 흐르는 선율에
가슴 뜨거운 노처녀처럼
잠 못 드는 이 밤이 서리다
나그네 발길 따라 살포시
달빛 수줍은 바람길 언덕
켜켜이 쌓이는 달빛 낙원

미운 사람

별빛이 잔잔한 음률로
곱게 내리던 길 굽이돌아
발길 머문 곳에 보금자리 틀고
깎아놓은 밤톨같이
잘생긴 남자의 주술에 걸려
만리장성 쌓던 날
속살속살
간까지 빼주겠다며
손가락 걸어 굳은 약속하더니
허어이 허어이
혓간에서 말간 청춘 갉아먹고
껍데기만 돌돌 말아 돌아온 당신
그래도 내 서방
어화둥둥 미운 내 남자

어느 노송 부부

얼기설기 실타래
풀어 무엇하리
얽힌 대로 설킨 대로
그냥 살자 하네

피 끓는 청춘 시절
백년해로 약속하고
몸 섞고 마음 섞어
놓지 못한 부여잡은 손

땅속으로 슬금슬금
곁눈질하는 남편
백 년 세월 모른 체
쉼 없는 고된 삶

듬성듬성한 머리카락
늙고 병들어도
얼기설기 부여잡고
남은 생 살고지고

자웅바위

무심한 와야천
흐르는 물속에
속내를 비쳐보는
하릴없는 불알바위
치성드리는 행렬
안동까지 뻗쳤다
아들 낳아 대를 이었지

해 질 녘 퇴계로
땅고개 굽이돌아
마주 보는 야속한
군불 지피는 치마바위
관광객 행렬
안동까지 뻗쳤다
동전 한 닢 재우고 간다

달빛 말리기

봄볕에 표고버섯 말리라는
마실 간 마누라의 엄명
까맣게 잊고 있다가
해가 뉘엿뉘엿할 즈음
테라스에 썰어 널었더니
열사흘 달이
물끄러미 내려다보며
쓴웃음 짓는다.
달아, 달아. 큰일 났다.
넌 표고버섯 말릴 수 없니?
달빛은 누가 말리니?

필연 아니면 우연 반

겨울은
땅을 얼게 하지만
언 땅을 녹이는 건
봄이 아니라 옹골진 관심이니

꽃이 봄에 피는 것은
나무에 잘 보이는 것보다
벌 나비의
터를 닦고 눈물 자국 지움이요

골짜기 골짜기에 피는 꽃은
먼 데서 오는 손님
귀히 맞으러
한밤을 꼬박 새워 단장한다

기적은
봄을 탄생시켰고
모난 물방울은 기어이
바위를 뚫고 말 것이니

비

외딴 산골 마을
미루나무 한 그루
아스라이 서 있네

재 너머 급보 받고
나비 관절 싸매
허리춤에 꿰어

잿빛 두들김
묵은 나이테에
내 나이 젖어든다

해설

자연의 속삭임에 귀 기울이는 시인

한 승 수 | 시인

1.

고재동 시인의 네 번째 시집 『바람꽃 그녀』의 상재上梓를 축하한다. 고 시인은 기자 시절부터 수필가와 지역 문인협회장으로 오랫동안 활동해 왔으나, 시는 2013년, 귀촌 이후부터 쓰기 시작했다는데 벌써 네 번째 시집이라니, 그의 시에 대한 열정이 놀랍고 부럽다.

사실, 고 시인과 나는 개인적 친분은 없다. 시 밴드를 통해 처음 알게 되었는데, 몇 권의 시집을 주고받으며 작품을 통해서 교감하고 있던 터였다. 퇴직 후 자녀들을 출가시키고, 늘그막에 부부 둘이서 귀촌 생활을 하며 시를 쓰고 있다는 것이 나와 비슷해서 동병상련同病相憐하던 차에, 뜻밖에 그가 나에게 전화를 걸어 시집을 출간한다며 해설을 부탁해 온 것이다. 내가 주제넘게 몇 번 시평詩評과 해설을 쓴 적이 있는데, 고 시인이 아마 그걸 보고 나를 떠올렸나 보다. 나는 평론가도 아니고 글재주도 없는 사람이라, 시집을 네 권째나 내는 중견 시인의 작품에 해설을 붙인다는 것이 적이 부담스러웠지만, 사진에서 본 팔자눈썹으로 순박하게 웃고 있는 고 시인의 푸근하고 '사람 좋은' 인상을 떠올리며 딱히 거절을 못 했다. 한참을 고민하다가 그와 나는 생활환경이 비슷하니 작품을 잘 이해할 수 있으리란 것과, 인간적인 친분이 없으니 객관적으로 그의 작품을 들여다볼 수 있으리라는 두 가지 명분을 찾아, 나의 이 부족한 글쓰기를 시작하기로 한다.

2.

원고를 넘겨받고, 가장 먼저 주목한 것은 시인의 '바람'에 대한 애착이다. 첫 번째 시집명이 『바람난 매화』이고, 두 번째 시집명이 『바람색 하늘』인데, 이번 시집명에도 '바람'이 들어갔기 때문이다. 그의 시에서 바람은 과연 무엇이길래 그럴까?

바람이 부나 보다
하늘이 온통
바람색이다

봄이 오나 보다
빼꼼히
사립문 밀고 온다

당신이 오시나 보다
나불나불
봄바람 타고 오시려나?

—「봄이 오나 보다」 전문

이 시는 바람 부는 날, 다가오는 봄에 대한 기대와 설렘을 노래한 시다. 긴 겨울, 오랜 칩거의 무력함 속에서 생동하는 봄에 대한 갈망이 느껴진다.

바람은 눈, 비, 구름 같은 자연현상의 하나이지만 아주 역동적인 함축이 있다. 형체도 빛깔도 없고 순식간에 사라지는 덧없는 것이지만, 봄바람이 불면 봄이 오고 찬바람 불면 겨울이 오듯이, 바람은 시간과 세계를 변화시키는 힘이요 세월이다. 그래서 바람은 우리를 늙게도 하지만, 소리 없이 '빼꼼히 사립문을 밀고' 들어와 새로운 세계를 예고하며 우리 마음을 설레게도 하지 않는가?

또한 이 시에서 '하늘이 온통 바람색이다' 하는 공감각적 표현에 주목해 본다. '바람색'이란 시어는 시인이 처음 쓴 말인지는 잘 모르지만, 음미할수록 매력 있는 시어이다. 우리는 바람을 피부로 느끼고 때로 향기로 느낄 수 있지만, 시인의 감성은 바람에서 빛깔을 보며 자연의 숨결과 속삭임도 느낄 수 있나 보다. 그래서 바람은 마치 여인이 뿜어내는 입김처럼 사랑스럽다. 시인이 '그녀, 당신' 하면서 자연을 여성화하고 연인처럼 애착하는 이유가 바로 그것이다.

바람 불면 날아갈까
비 오면 젖을까
새털구름 따다가
바늘귀에 꿰어
저 멀리

풍경소리 뒤에 숨는다

입추가 와도
눈길조차 닿지 않는
호박 넝쿨에 묻혀
눈물 찍어 누르며
가부좌 틀고 앉아
기다리고 있노라

어느 하늘
어느 별에 살고 있는지
묻고 싶어도
네 목소리 새어 나오면
뭇 사내들 눈총 두려워
침묵하기로 했네

하늘에서
천사 옷 입고 내려온
민들레 홀씨 닮은

—「바람꽃 그녀」 전문

이 시의 배경은 '풍경소리' 들리는 어느 고즈넉한 산사山寺이다. 시인은 호박 넝쿨 속에 피어 있는 바람꽃을 바라보며, 세상에 알려지면 혹 훼손될까 쉬쉬하면서 소중히 지켜주고 싶은 마음을 노래하고 있다.

'바람꽃'은 우리나라 중부 이북의 고산지대에서만 그윽이 피어나는 하얀 들꽃이다. 꿩의바람꽃, 너도바람꽃, 나도바람꽃, 변산바람꽃 등 아종亞種들의 이름도 참 시적詩的

이다. '새털구름 따다 바늘귀에 꿰어'란 구절을 읽으면, 하얀 꽃잎에 보송한 솜털을 달고, 여름날 대청봉 그윽한 곳에 숨어 피어 있을 바람꽃의 모습이 떠오른다.

그런데 고산高山에 피어 있어야 할 바람꽃이 왜 속세의 호박 넝쿨 속에 피어 있는 것일까? 그것은 물론 씨앗이 바람을 타고 날아왔기 때문일 것이다. 여기서 다시 바람에 대해 생각하게 된다. 바람은 이렇듯 시간뿐만 아니라 공간도 변화시킨다. 바람 불어 하루아침에 고귀한 신분이 밑바닥 인생으로 전락하기도 하고, 뜻하지 않게 거처를 옮겨 새로운 삶을 살아가게도 하지 않는가?

시인도 바람결에 어느새 나이 들고 직장에서 물러나게 되었다. 도시에서 글 쓰는 일만 하던 사람이 늘그막에 또 무슨 바람이 불었는지 귀촌을 해서 지금은 어설픈 농부로 살아가고 있다. 바람은 이렇게 우리가 받아들여야 할 운명이기도 한 것이다.

이 시는 '바람꽃'을 통해 자신의 운명을 관조하는 시다. 세속적인 현실을 운명으로 받아들이고 살 수밖에 없지만, 그 속에서도 지켜 주고 싶은 순수한 존재가 있을 것이다. 그래서 바람꽃 그녀는 마치 하늘에서 내려온 선녀의 이미지를 갖고 있다. 문득 첫 번째 시집에 수록된 시, '선녀와 나무꾼'이 떠오른다. 오늘도 그녀를 위해 나무꾼은 스산한 아궁이에 군불을 지피고 있을 것이다.

3.

고재동 시인의 시에서 찾을 수 있는 일관된 주제는 '생명에 대한 사랑'이다. 첫 번째 시집 『바람색 하늘』에서는 겨울 시가 주를 이루더니, 이번 시집에는 '봄'과 '꽃'을 소재로 깨어나는 생명을 예찬하는 시가 대부분이다. 겨울이 생명을 품고 인고하는 계절이라면, 봄은 품고 있던 생명이 세상 밖으로 튀어나오며 약동하는 계절이 아니던가.

그래서 시인의 봄 들판은 연한 노란색으로 가득 차 있다. 유치원 버스가 노란 것처럼 그것은 어린 생명들의 빛깔이기 때문이다.

따사한 햇살 좇아
울타리 넘어
마실 나온 암탉이
쫑쫑쫑 쪼고 간 후
뒤따라온 수탉이
뿅뿅뿅
머물다 간 자리에
깊은 밤새고 나니
노란 꽃이
수줍게 웃고 있다

—「꽃다지」 전문

햇살 따스한 봄날, 닭들이 뿅뿅뿅 짝짓기하고 간 자리에, 노란 꽃다지가 피어 수줍게 웃고 있단다.

꽃다지는 이른 봄 들판에 작고 노란 꽃을 오종종하게 피우며 가장 먼저 봄소식을 알려주는 풀꽃이다. 시인은 농사꾼이라 자처하면서도 농사에 대한 관심은 별로 없는 듯하다. 농작물보다는 다른 농부들이 잡초라고 뽑아버리는 이런 풀꽃들에 더 애정을 쏟고 있으니 딱한 노릇이지만, 천생 시인인 걸 어찌하랴.

이 시는 시각과 청각, 닭의 생식 행위와 꽃의 개화라는 동식물의 이미지를 연결하여 약동하는 봄의 생명력을 생생하게 보여주고 있다.

> 바지게에 거름과 장작을 짊어지고 산으로 들어가는 어르신 뒤따라 샘이 솟고 곁에 개나리가 녹색 이파리와 어우러진다
>
> 볕 좋은 날
> 게으른 농부의 낮 꿈
>
> 병아리가 알을 깠다
> 닭장에는 스물한 송이의
> 개나리꽃이 피었다
>
> —「병아리」 전문

개나리꽃에 이파리가 나올 때쯤인가 보다. 부지런한 어르신 농부는 바지게를 지고 산으로 가는데, 게으른 시인 농부는 겨르로움에 낮 꿈을 꾼다. 그 사이 알에서 스물한 마리 병아리들이 깨어나고….

그렇다. 농부가 잠을 자는 사이에도, 누가 애쓰지 않아도 때가 되면 개나리는 절로 피어나고 병아리는 알에서 깨어난다. 그것이 놀라운 생명의 힘이 아니던가?

시인은 소소한 일상에서 생명 탄생의 경이로움을 포착

하고 노란 물감의 언어를 풀어, 한 폭의 예쁜 수채화로 그려내는 데 성공하였다.

보일 듯 말 듯
학원 앞 소공원에
노란 얼굴이 수줍은
민들레 한 송이

아이들 학교 간 사이
해바라기하다가
오후에는
소나무 그늘에 꼭꼭 숨는다

아기 소나무 옷 홀랑 벗겨
꽃샘추위에 벌벌 떨게 한
개구쟁이들이
고양이보다 무섭다

고양이가 할퀴어도 꽃은 피우지만
개구쟁이들이 모가지 비틀까
학원 쉬는 시간이 제일 싫은
홀씨가 되고 싶은 그녀

—「민들레 2」 전문

이 시는 민들레를 통해서 파괴되는 생명에 대한 연민과 생명 의지를 노래한 시다.

민들레는 사람들이 많이 다니는 길가에도 피고, 도시의 보도블록 틈새에서도 피어난다. '고양이가 할퀴어도 꽃을 피우는' 모질고 강인한 풀꽃이지만, 인간 앞에서는 무기력하게 꺾일 수밖에 없는 연약한 존재이기도 하다.

요즘 아이들은 방과 후에도 학원에 보내져서 종일 공부를 해야 하니 스트레스가 많을 것이다. 쉬는 시간이면 공원에 나와 쓸데없이 민들레꽃의 모가지를 비틀기도 한다. 순진한 아이들이 꽃을 꺾듯이 인간은 부지불식간에 생명을 억압하고 자연을 파괴하는 행동을 서슴지 않는다.

인간의 폭력을 피해 어떻게든 살아남아서 홀씨로 훨훨 날아가고 싶은 민들레를 보듬어주는 시인의 마음이 참 따뜻하다.

4.

고재동 시인은 생명을 사랑하기에 작은 풀꽃들의 속삭임에도 귀를 기울인다. 그는 눈과 꽃과 물고기의 대화를 엿들을 수 있고 그들과 대화도 나눌 수 있다.

그만큼 그의 시는 초감각적이고 관조적이다.

환한 미소
순백의 살결
눈이 너무 부셔
도저히 뜰 수가 없네

어젯밤
기별 받고 내려온
별에 듬뿍 주고도
항아리에 넘쳐흐른다

눈을 감아도
보이는 선연한 자태
눈을 감아도
들리는 너의 심향心香

―「매화에 귀를 열다」 전문

이른 봄 피는 매화는 빛깔이 화사하고 향기가 그윽하다. 순백의 빛깔은 '눈을 뜰 수 없게' 눈부시고, 향기는 밤새 쏟아지는 별들에게 나눠주고도 남아 항아리에 넘쳐흐른다. 밤이 되었는데도 시인은 방 안에 앉아 매화를 떠올리며 그 심향에 압도되어 있다. 눈을 감아도 매화가 보이고, 무언가 소리가는 들리는 것 같아 쫑긋 귀를 기울일 수밖에 없다.

그야말로 주객일체主客一體요 물심일여物心一如의 경지이다. 매화는 지금 무슨 말을 하고 있을까? 순수하게 살면서 그 향기를 세상 가득히 전하라고 시인을 타이르고 있는지도 모르겠다.

하늘은 춥지 않니?
아니, 안 추워.
거기도 봄이 있니?
응, 하늘에도 봄이 오고 있단다.
오늘은 눈구름이 이불을 덮어 주네.

꿈속에서
별과 소곤거리는 사이

뜰 안에 소복이 눈이 내려앉았다.

눈을 쓸었다.
낑낑대며
큰길까지 모두 치웠다.

너, 바보니?
나는 봄눈이야.
쓸지 않아도 금방 녹는단다.

봄눈은
밤고양이 걸음으로 살금살금 왔다가
두 살배기 아가의
종종걸음으로 가버리는 것을.

—「봄눈」 전문

이 시는 봄눈 내리는 밤, 시인이 꿈속에서 별과 나눈 대화에 이어, 이튿날 눈을 치우며 눈과 나누는 대화로 이루어져 있다.

자연의 소리를 듣고 자연과 대화를 나누는 일은, 마음이 어린아이같이 순수해야만 도달할 수 있는 경지라서 고재동 시인의 시는 얼핏 동시童詩처럼 느껴지기도 한다.

하지만 그 속에는 시인의 철학이 담겨 있다. 봄눈을 치우는 일처럼, 우리는 부질없이 자꾸 자연에 손을 대고 간섭하려 하는 것은 아닌지 반성하게 한다. 무위자연無爲自然의 철학이 느껴지는 시다.

캄캄한 밤이 무서워.

달이 보고 싶은 게로구나?

어제는 눈이 오더니 오늘은 비구름이 달을 붙잡아 둔 모양이야?

빗속에 달의 흔적이 묻어있을지도 몰라?

옳아. 우리 오늘 밤엔 저 비 맞으며 초록 꿈을 키우는 거야.

그믐달은 초승달을 다듬고, 초승달은 아파하면서 보름달로 성숙해간단다.

—「버들치와 버들개지, 아흐레」 전문

이 시는 시인이 사는 와야천 냇가에서 막 움을 틔운 버들개지와 물속 어린 버들치가 이른 봄, 보름간에 걸쳐 나누는 대화를 엿듣듯이 써 내려간 15편의 연작시 중 하나이다.

버들개지나 버들치는 이른 봄의 생명을 대표하는 작고 귀여운 것들이다. '버들'이란 같은 성姓 씨를 가져서인지 나누는 말씨도 오누이처럼 상냥하고 다정스럽다.

이 연작시 전체를 통해 시인은 무엇을 말하려는 것일까? 갓 태어난 생명들은 새로운 세상이 신기하고 두렵다. 생명은 꿈을 꾸고 성장의 고통을 겪으면서 성인이 되고, 성인이 되면 생식을 통해 자신의 분신을 남기고는 사라져야 한다.

이것이 '자연 순환의 이법理法'인 것이다.

위 인용시에서 지금 버들 남매는 달에 관해 대화를 나누고 있다. 달이 구름에 가려져 보이지 않으면 빗속에서

라도 달의 흔적을 찾아 초록색 꿈을 키워가자는 것이다. 여기서 달은 꿈과 이상이다. '초승달이 아파하면서 보름달로 성장'해 가듯이 생명들은 꿈을 좇아 성장하면서 누구나 성장통成長痛을 겪는다는 뜻이다.

5.

끝으로 시인의 삶의 애환을 노래한 시 몇 편을 살펴보려 한다. 자연을 순수하게 노래한 시도 좋지만 삶의 냄새, 사람 냄새가 묻어 있는 시는 정겹고, 그래서 더 깊은 울림을 준다.

와야천 새맑은 물속에
두둥실 보름달 떴다
계곡 타고 바람 한 점
망설임으로 지나치는 길목
주름살 파인 민망함 끝자락에
휘영청 달이 멋쩍다
봄 새 한 쌍 한가로이
달 속으로 비상하고
교교히 흐르는 와야천 거슬러
버스 한 대 일그러지며 멎자
달덩이 방긋 수줍게
차 안에서 빠져나온다

—「달마중 봄 마중」 전문

보름달 환히 비치는 봄날 저녁, 시인은 와야천변을 어슬렁거리며 외출한 아내가 돌아오기를 기다리고 있다. 계곡에서는 바람이 불어오고 봄 새 한 쌍 한가로이 하늘을 날고 있다.

앞에서도 말했듯이, 바람은 세월이다. 세월의 흐름이 안타까워 '망설임으로' 천천히 지나간다고 표현했겠지만, 세월에 장사 있으랴? 한 쌍의 봄새처럼 다정하고 여유로운 일상을 살고 있는 부부에게도 서로의 얼굴에 깊게 패어가는 주름살을 바라보는 일은 참 민망하고 멋쩍은 일이다.

그래도 버스가 도착하고 "방긋 수줍게" 차 안에서 빠져나오는 달덩이는 얼마나 사랑스러운가? 시인 부부의 따뜻한 일상을 엿볼 수 있는, 참 행복한 달마중이다.

솔방울은
나무를 달고 있을 때 솔방울이다.
나무한테 버림받은 그는
이미 솔방울이기를 포기했다.
품고 있던 솔씨,
먼 데 시집 보낸 처지에
무슨 솔방울이기를 바래?
씨앗 품은 소나무 열매만이
솔방울인 것을.
사람들은
소나무 분비물을 주워들고
솔방울이라 한다지?

—「솔씨는 소나무 그늘에서 벗어나고 싶다」 전문

이 시는 솔방울을 소재로, 시집 간 두 딸의 빈자리를 느끼며 적적한 심사를 표현한 시다.

자녀들이 장성하면 새로운 가정을 꾸려 독립하게 마련이고, 부모의 간섭에서 벗어나고 싶어 한다. 솔방울이 떨어져 소나무를 떠나야 생명을 이어 가듯이, 그것은 당연한 자연의 이법이다. 하지만, 부모는 때로 자식들이 서운할 때가 있다. 옛날의 귀여운 내 자식이 아닌 것이다. 그래서 시인은 자위할 수밖에 없다. 솔방울은 나무에 달려있을 때 솔방울이지, 떠나면 소나무 분비물에 불과하다고. 자식은 '품 안의 자식'일 때 자식이지, 낳았다고 내 자식이 아니라는 뜻이리라.

나도 시인과 같은 처지라서 씁쓸한 공감을 보낼 수밖에 없다.

갈지자로 걷던 걸음
집 앞에 다다라
정자세로 바뀐 이유
이젠 알겠다

구부러진 지팡이
꼿꼿이 펴도
더는 키가 자라지 않았다

비틀거리는 길
비틀거리지 않고
달릴 기력
십 리 밖에 두고 왔다

모롱이 돌아온 길
되돌아봐도 갈지자로
가고 있지 않은가
—「길」 전문

이 시는 시인이 걸어온 지난 삶을 회고한 시이다. 모롱이를 돌아 갈지자로만 걸어 온 자신의 발자취를 돌아보며, 똑바로 걷지 못하고 이리저리 방황했던 지난날에 대한 회한이 묻어 있다.

경쟁사회에서 살다 보면 소신대로 산다는 것이 얼마나 힘든 일인가? 여기저기 눈치를 보고 바람에 휘둘리며 비틀거리며 걷지 않을 수 없다. 때로 '구부러진 지팡이 꼿꼿이 펴고' 하늘을 향해 몸을 곧추세워 보려 했지만, '키가 더 자라지 않듯이' 바로 서는 것이 쉽지는 않았다.

하지만 시인도 이제 내일모레면 경로 우대를 받을 나이가 아닌가? 어느새 집 앞에 다다른 것이다. 은퇴 후, 지금은 전원에서 텃밭 가꾸고 시나 쓰면서 세상의 부귀영화로부터 초연한 삶을 살고 있으니, 더 이상 갈지자로 걸을 일이 있으랴. '정자세로 바뀐 이유' 이제야 깨닫는 것이다.

6.

해설을 쓰면서, 고재동 시인의 순수한 감성에 공감하고, 인간적인 푸근함에 미소 지으면서, 그와 오랜 친구였던 것 같은 착각을 느낀다.

사실 이 글을 쓰는 일이 쉽지 않은 작업이었음을 고백

한다. 많은 시들이 아주 간결하고 완벽해서, 해설을 붙여 놓으면 사족蛇足이 되기 일쑤였고, 또 내 감성의 레이다로는 포착할 수 없는 심오함이 있었기 때문이다. 이 글이 빛나는 시집에 오점汚點이 되지나 않았으면 싶다.

앞으로도 행복한 전원생활 속에서 맑은 샘물 같은 시심이 끊임없이 용솟음치기를 기대하며, 시 쓰기를 통해 시인의 삶이 더욱 풍요롭고 행복해지기를 기원한다.